*Ein Blick auf
die Sprache von
gestern – mit Bildern
der Menschen
von heute*

Text: Hans Bäbler
Fotografie: Fridolin Walcher

Vorwort

Schon wieder ein Büchlein über unsere Mundart? Wir fühlen uns dazu berechtigt, ja sogar aufgefordert. Zum einen ist die Schrift «Häb Sorg zum Glarnertüütsch» schon lange vergriffen und zum andern denken wir, dass es der Glarner Kantonalbank wohl ansteht, in unserer so kurzlebigen Zeit die Sonderheiten unseres Kantons und unserer Sprache in einfacher Form in Erinnerung zu rufen.

Auch dieses Mal hat der Autor, Hans Bäbler, alt Schulinspektor, versucht, die einzelnen Themen leicht verständlich darzustellen. Es geht ihm dabei nicht darum, ein wissenschaftliches Werk zu präsentieren. Er möchte möglichst viele Leser dazu anregen, Zusätzliches über Land und Leute zu erfahren. Dabei zeigt er uns eingangs die Gegensätzlichkeit innerhalb unseres Kantons; Gegensätze, die wir immer bewältigt haben und mit denen wir recht gut leben konnten. Dann bringt er uns Mundartformen näher, die zum grössten Teil wohl vergessen sind, die aber beim Lesen plötzlich wieder Leben erhalten und uns an unsere Väter oder Grosseltern erinnern. In einem weiteren Abschnitt zeigt uns der ehemalige Deutschlehrer, wie reich doch unsere Mundart ist. Reich im Gegensatz zur heutigen «Vorlagen-Sprache», wo ein Musterbrief im Computer für alle Situationen herhalten muss; reich im Gegensatz zur «Sprechblasen-Sprache» unserer Jugend. Daneben erfahren wir auch allerlei über unsere Gemeindenamen, über Flurnamen und nicht zuletzt über die Unterschiede im Sprachgebrauch der Unterländer, Hinterländer und Kleintaler. Abgeschlossen wird der Blick auf unseren Kanton durch «Ds Glarnerland vu A bis Z», eine kurze Übersicht, die allen als «roter Faden» dienen kann, die Gästen, Freunden oder Bekannten unser Ländchen vorstellen möchten. Zu jedem Buchstaben des Alphabets wird hier noch etwas Glarnerisches vorgestellt.

Als Ergänzung zur Sprache von gestern haben wir den Fotografen Fridolin Walcher eingeladen, den Menschen, die heute im Glarnerland leben, nachzuspüren. Entdecken Sie selbst, welche Schattierungen heutiger Sprache aus diesen Bildern sprechen, die für diesen Porträtzyklus zwischen Bilten und Braunwald entstanden sind.

Wir wünschen Ihnen viel Vergnügen beim Durchblättern der vorliegenden Schrift und hoffen, dass auch Sie Neues entdecken und geniessen werden.

Ihre Glarner Kantonalbank

Das alles gfind me i dem Büechli

Vorwort der Glarner Kantonalbank	3
Das isch der, wo das gschribe het	6
Eb ihr afünd, sötted ihr das lese	9
Ds Glarnerland, chlii, aber volle Gegesätz	10
Ä chliis Lexiku vum Glarnertüütsch	18
Das haimer de Franzose abgloset	35
Bruuchsch de Usdrügg nuuch?	36
Mit emene Bild wird alles tüütlicher	38
Üseri Gmeindsnäme	42
Allerhand Flurnäme	44
Weso reded d Underländer nüd gliich we d Hinderländer	46
Haid Sorg drzue	48
Ettedie haid d Näme gwechslet	52
D Römer und d Alemanne lebed fridli mitenand und nebedenand	54
We verschide as me redt	58
Ds Glarnerland vu A bis Z	60

Das isch der, wo das gschribe het

1924 wurde ich, Hans Bäbler, in Hätzingen im Glarner Hinterland geboren. Meine Mutter ist eine französisch sprechende Bernerin, Vater ein «echter Chliitaler» aus Matt. Einen Grossteil meiner Jugend verbringe ich in Bern bei meinen Grosseltern, die nur französisch sprechen; in den Ferien bin ich häufig im Kleintal. So muss ich mich recht früh mit «Sprachproblemen» auseinandersetzen. Wen wunderts, dass ich nach meinem Abschluss als Primarlehrer im bündnerischen Schiers das Sprachstudium an der Uni Bern ergreife und es als Sekundarlehrer Phil. I im Jahr 1949 abschliesse. Im gleichen Jahr werde ich als Sekundarschullehrer nach Matt gewählt, wo ich 7 Jahre in heimatlichen Gefilden unterrichtete, bis ich 1956 an die Sekundarschule nach Glarus gewählt wurde. (Anmerkung: Wo ich bis zum heutigen Tag meine Hinterländer/Kleintaler Mundart bewahrt habe!)

Wenn ich schon früh Gelegenheit hatte, das Glarnerland zu verlassen – etwa als Präsident des Schweizerischen Lehrervereins oder als Vertreter der Schweiz im Komitee für kulturelle Zusammenarbeit in Strassburg – so

bin ich meinem Heimatkanton immer treu geblieben. Wohl lockten mich die Ferne, neue Aufgaben, andere Menschen, und dennoch habe ich meine zusätzlichen Kräfte immer unserem Heimatkanton zur Verfügung gestellt: in Vereinigungen aller Art und nicht zuletzt als Schulinspektor und als Stabschef des kantonalen Führungsstabes. Und ich habe es nie bereut. Nach meiner Pensionierung konnte ich vermehrt meinem Hobby frönen, unsere Mundart nicht in Vergessenheit geraten zu lassen. Und da ich inzwischen auch den Computer zu meinem Werkzeug machen konnte, habe ich immer wieder versucht, in Artikeln und kleineren Schriften meine Liebe zur Mundart auch anderen weiterzugeben.

Und dies, weil ich noch immer die Meinung vertrete, dass die Sprache nach wie vor das beste Verständigungsmittel unter uns allen wäre.

Eb ihr afünd, sötted ihr das lese

Es ist wohl ein Zeichen unserer Zeit, dass uns die Vergangenheit nicht mehr interessiert. «Das war früher, heute ist es ganz anders», ist unsere Entschuldigung. Und so, scheint mir, lassen wir die Wurzeln eines Baumes verdorren und kümmern uns nur noch um die zukünftigen Früchte, nicht ahnend, dass ohne Wurzeln eine Pflanze abstirbt.

So versuche ich ein wenig zusammenzutragen, «wie es früher war». Dabei beschränke ich mich auf unsere Sprache, wie wir sie in dem gesprochenen Wort, in Flur- und Gemeindenamen finden.

Da leider die Quellen zu diesem Unterfangen eher bescheiden sind und auch für mein Gedächtnis und mein Wissen das Gleiche gilt, kann es sich hier weder um ein wissenschaftliches Werk noch um eine lückenlose Dokumentation handeln.

Im Weiteren ist diese kleine Schrift nicht nach aufwendiger Forschungsarbeit entstanden, sondern ganz einfach, weil ich meinen Computer etwas beschäftigen und so das Angenehme mit dem Nützlichen verbinden wollte. Und darum verzichte ich auf phonetische Schreibweise, schreibe, wie ich es höre, und hoffe, dass auch der Leser so liest, wie er es hört.

Bei dieser Zusammenstellung haben mir ganz besonders geholfen:

- Glarner Sprachschuel meines Vaters Heinrich Bäbler
- Glossar zu «Dr Heiri Jenni im Sunnäbäärg» von H. R. Comiotto
- Beiträge zur Sprachgeographie und Sprachgeschichte von Rudolf Trüb (55. Jahrbuch des Historischen Vereins)
- Orts- und Flurnamen des Kantons Glarus von G. Walch (Sonderdruck des Historischen Vereins)
- Die Namen der glarnerischen Gemeinden von Fritz Zopfi (50. Jahrbuch des Historischen Vereins)
- Und nicht zuletzt mein eigenes Verhältnis zum Glarnerdeutschen.

Darum, wer mehr wissen möchte, der soll in diesen Schriften blättern. Alle sind in der Landesbibliothek einzusehen, einige sind noch im Buchhandel erhältlich.

Ds Glarnerland, chlii, aber volle Gegesätz

Eine etwas einseitige Betrachtung, die dem Leser aber doch Unerwartetes eröffnet und ihm aufzeigt, dass man trotz Gegensätzen mit- und nebeneinander leben kann.

Was me gsiit

Das von Norden nach Süden verlaufende Haupttal hat eine Länge von etwa 35 km, wobei der tiefste Punkt beim Ausgang der Linth auf 414 m über Meer liegt, der höchste Punkt, der Talabschluss durch den Tödi, auf 3614 m. Die steilen Flanken des eiszeitlichen Trogtales erscheinen so dem Besucher von erschreckender Steilheit und wecken in ihm das Gefühl von bedrückender Enge. Wer sich aber die Mühe nimmt, die Trogschulter zu besteigen, der findet offene Weiden und leicht geneigte Hänge; so etwa in Braunwald, in den Ennetbergen und in Mullern.

Gegensätze findet auch der geologisch interessierte Besucher. So steht auch das Gestein gleichsam auf dem Kopf. Am besten zu erkennen in der so genannten Lochsite, am Eingang ins Sernftal. Da sieht man, und wer es nicht sieht, der findet die entsprechenden Erklärungen auf einer Tafel, alte Gesteinsschichten, die über den jungen liegen. Der Verucano, der im Perm entstanden ist und daher etwa 250 Mio. Jahre alt sein mag, liegt über dem Lochsitenkalk, der es als

Juraformation auf etwa 120 Mio. Jahre bringt, und darunter liegt noch der jugendliche Flysch, der etwa halb so alt ist.

Und sogar die Steine in der Linth, oder noch schöner zu sehen im Chrauchbach bei Matt, sind voller Gegensätze: Da liegen rote, gelbe, grüne, graue, fast schwarze Steine eng nebeneinander, und ein Blick auf die Karte zeigt uns, dass sie vom Rottor, vom Schwarzstock, vom Grüenspitz oder vom Goldichopf stammen.

Was me gkört

Es «singen» zwar alle Glarner beim Sprechen, aber trotzdem vereinigen sich auf kleinstem Raum drei verschiedene Dialektformen, wobei die Unterschiede dem Besucher kaum wesentlich erscheinen, der Glarner aber den Unterländer, den Hinterländer oder den Kleintaler sofort erkennt. Ein recht typisches Merkmal für den Hinterländer ist der Ausdruck «weider» oder «heider», für welchen der Unterländer «wänder» oder «händer» braucht und was ganz einfach bedeutet: wollt ihr bzw. habt ihr. Ein weiteres Merkmal ist im Gebrauch des e zu finden, das vom ganz geschlossenen e in Elm und auf dem Kerenzerberg über das leicht geöffnete der Hinterländer zum ä der Unterländer reicht (geere – gere – gäre). Seltsam ist auch, dass alte Formen wie «ufi» und «abi» (hinauf, hinunter) in Elm und auf dem Kerenzerberg noch erhalten sind.

Unerwartet sind für den Besucher wohl auch die vielen französischen Lehnwörter, die wohl aus der Besetzungszeit durch die Franzosen am Ende des 18. Jahrhunderts stammen. So entspricht der «Gane» dem französischen «la canne», der «Galiot» dem «chariot», «Guraschi ha» bedeutet «avoir du courage», und ist das «Puntenöri» im Spiel, so ist das «le point d'honneur».

Was me liist

Wer die Besiedlungsgeschichte des Glarnerlandes durchstöbert, wird auch hier auf eine Reihe von Gegensätzen stossen.

So findet man Ortsbezeichnungen romanischen Ursprungs im hintersten und im vordersten Landesteil. Etwa Camperdun (campus rotundus) in Elm, oder Schabell (scabellum), daneben Bilten und Niederurnen, die ebenfalls romanischen Ursprungs sind.

Auch die lange andauernde Zweisprachigkeit zwischen Romanisch und Alemannisch darf als weitere Sonderheit angesehen werden. Sie hat vielerorts die alemannische Lautverschiebung verhindert und lässt auf ein recht friedliches Zusammenleben der beiden Sprachgruppen schliessen.

Auch in der Geschichte des Landes zeigen sich Widersprüchlichkeiten aller Art. So mag es doch erstaunen, dass sich nach der konfessionellen Landesteilung von 1623 die evangelische und die katholische Landsgemeinde bis ins Jahr 1836 erhalten haben. Ausschlaggebend daran ist wohl die Tatsache, dass es neben den konfessionellen immer noch eine gemeinsame Landsgemeinde gegeben hat. Dass der katholische Landesteil im Jahre 1700 den gregorianischen Kalender übernahm, der evangelische aber beim julianischen blieb, darf weiter zu den erwähnten Gegensätzen gezählt werden. Wie das Land während fast 100 Jahren mit einer 11-tägigen Zeitverschiebung ausgekommen ist, mag uns heute wundern.

Ein letzter Hinweis: Wer glaubt, die Bevölkerung unseres Tales sei ausgesprochen landwirtschaftlich orientiert, irrt sich einmal mehr, stand doch der Kanton Glarus fast immer an der Spitze der am stärksten industrialisierten Kantone der Schweiz.

Was me iist

Sogar hier zeigen sich Gegensätze. So enthält das am ehesten bekannte Gebäck, die Glarnerpastete, zur Hälfte eine süsse Mandelfüllung, zur Hälfte eine eher saure Zwetschgenfüllung. Und wenn in der Glarnerfamilie zum Landsgemeindeessen neben den Kalberwürsten wiederum die süsssauren Dörrzwetschgen gehören, so wird auch hier gezeigt, wie gut wir gelernt haben, mit Gegensätzen aller Art zu leben.

Wir wollten sie möglichst allen Lesern auf einfache Art aufzeigen und wir sind uns bewusst, dass teilweise wissenschaftliche Genauigkeit der allgemeinen Verständlichkeit geopfert wurde.

Ä chliis Lexiku vum Glarnertüütsch

A

Abegg	Spaltstock
Abeissi	Ameise
abenand	entzwei
abgih	demissionieren
Ähli	Liebkosung
afed	endlich
agattige	etwas anfangen
Ägerschtenaug	Hühnerauge
aläg	schief
albigs	jeweils
allpot	immer wieder
allweg	jedenfalls
amächälig	lieblich, hübsch
Angge	Butter
Änichind	Enkelkinder
änze	tadeln
Arfel	Arm voll
artig	seltsam

B

Bachbummele	Dotterblume
Badänneli	Schlüsselblume
bäschälä	langsam arbeiten
Bäsi	Kusine
beegge	brüllen
beere	ballen, kneten
Beggeli	Tasse
Beggi	Schüssel

Ä chliis Lexiku vum Glarnertüütsch
Glarnertüütsch>Hochdeutsch **A bis C**

beite	warten
biigne	aufschichten
Biisrauch	Nebel
Bildere	Zahnfleisch
bis daar	bis dann
Blaatere	Blase
Bläbele	Blaumal
Blätschge	grosse Ampfer
blutt	nackt
bogeswis	hoch im Bogen
Bölle	Zwiebel
boose	abmagern
bosge	etwas anstellen
bräme	mit Russ bestreichen
Breemimärt	Viehmarkt mit Prämierung
Brittli	Fensterladen
Brüsch	Heidekraut
brüssele	nach Verbranntem riechen
brüütle	Brot streichen
Büchel	Hügel
Buchle	Kerbel
büeze	nähen

C

Challe	Glockenklöppel
Chammblüemli	Männertreu
Charteteggel	Karton
chätsche	kauen

chiene	jammern
Chlöbli	Wäscheklammer
Chigg	Raureif
chlummere	an die Finger frieren
chlütterle	langsam arbeiten
chlüübe	klemmen
chnelle	knallen
chnödig	klingeldürr
chnozere	knallen
chrame	kaufen
Chrisnadle	Tannennadeln
chroose	krachen
chrugle	zerknittern

D

diggemal	manchmal
disi (Siite)	andere (Seite)
ds Ziit abnih	den Gruss erwidern
duezmal	damals
duruse	talauswärts

E

eihelig	einstimmig
Egochs	Eidechse
eischier	eigensinnig
erchiffere	sich aufregen
eriidele	erschüttern (Bewegung)
erleide	überdrüssig werden

Ä chliis Lexiku vum Glarnertüütsch
Glarnertüütsch>Hochdeutsch **C bis G**

erpli	ansteckend
erschwigge	kurz erblicken
etedie	manchmal

F

Fäägg	Schwein
Farle	Farn
Fazzenetli	Taschentuch
Ferggel	Schüttstein
fergge	schleppen
Fidibus	Aschenbecher
Fisiguug	Schlaumeier
figge	wund reiben
flamändere	aufbegehren
Fleischblüemli	Wiesenlichtnelke
Fletschge	Schürfung
Florblüemli	Aurikel
folge	gehorchen
futtere	schimpfen
fuulächtig	müde, schläfrig
gaage	hin- und herwiegen

G

Gade	Stall
Gäggelischuel	Kindergarten
Gane	Spazierstock
Gaschtig	Gäste
gaume	hüten

geine	gähnen
Gfätterliwaar	Spielsachen
Gfell	Glück
gigle	lachen
giibse	kreischen
Giisel	Ziegenkäse
Gleichsucht	Rheuma
glesig	eisglatt
Gliisseli	Hahnenfuss
Gnüel	Durcheinander
görbse	rülpsen
Gottsgnad	Storchschnabel
greiset	bereitgestellt
Grischp	feines Astholz
gruupe	niederkauern
gschlacht	friedfertig
gschmoge	knapp
Gschtrau	Stroh
gschweige	beschwichtigen
Gsottes	Siedfleisch
gspässig	seltsam
gstabet	ungeschickt
gudere	glucksen
Gufe	Nadel
Guggeere	Dachfenster
Gurre	freche Frau
Gütschi	Kerngehäuse
Guttere	Flasche

Ä chliis Lexiku vum Glarnertüütsch
Glarnertüütsch>Hochdeutsch **G bis H**

gvätterle	spielen

H

haape	kriechen
Haarüel	ungekämmte Person
Häbi	Griff
Häggeler	aufgesprungene Haut
hale	locken (Vieh)
Händschli	Schlüsselblume
harze	hapern
hebig	geizig
Hegel	Messer
helde	neigen
Helge	Bildchen
Herbstmunet	September
heuere	jauchzen
Heuerlig	Jauchzer
heusche	verlangen
Higg	Kerbe
Hirti	Herde
hochgsträsst	stolz
Hornig	Februar
Höggerli	Zwergbohne
Hötsch	Schluckauf
Hüenderdieb	Habicht
hülpe	hinken
Hundshode	Herbstzeitlose
Hüntebeeri	Himbeeren

hürchle	husten
hüüne	stark weinen
huuse	sparen

I

ifaam	übermässig
im Leid	in Trauer
itümpfig	drückend (Wetter)
jääble	jammern
jäsänuse	ja, dann halt
jesele	stinken (Käse)
jugge	hüpfen

K

kamood	bequem
kand	unschwer, ohne Mühe
kienet	jammernd
kiie	fallen

L

Laag	Grenzstein
lampe	welken
Lanzig	Frühling
latschne	davonschlurfen
Läuferli	Schiebefenster
laugne	leugnen
leide	Beileid bezeugen

Ä chliis Lexiku vum Glarnertüütsch
Glarnertüütsch>Hochdeutsch **H bis M**

letz	falsch
letze	etwas falsch machen
Lilache	Leintuch
Linger	Lineal
lisere	flüstern
lööte	übermässig trinken
lugg	lose
Lune	Radnagel
lüünisch	launisch
luuter	hell

M

Maase	Flecken
Maie	Blume
Maieblume	Löwenzahn
Maiegschiir	Blumentopf
mira	meinetwegen
Mollere	Salamander
mooredees	anderntags
morgse	mit Gewalt versuchen
möschig	messingen
müede	in den Ohren liegen
muesle	undeutlich sprechen
Mungg	Murmeltier
munzig	winzig
Mützer	Spitzmaus
Müücher	bauchige Flasche

N

nadisna	allmählich
Nädlig	Stück Faden
namse	benennen
Näpper	Bohrer
naatsche	einfältig reden
neime	irgendwie
neue	irgendwo
neusle	herumwühlen
niggele	nörgeln
Niidel	Rahm
noppere	rütteln
Nugg	kurzer Schlaf

P

Pfiiffoltere	Schmetterling
pfnutzge	schluchzen
Pfüderi, Pfösi	kleines Kind
Pfulbe	Kopfkissen
pfuuse	tief schlafen
Pinätsch	Spinat
pladere	dumm daherreden
poorzet voll	überfüllt
Porchilche	Innenempore (Kirche)
Preesi	Aufschneider
Püffel	Kittel

R

Rafe	Dachbalken

Ä chliis Lexiku vum Glarnertüütsch
Glarnertüütsch>Hochdeutsch **N bis S**

Ratz	Ratte
räggele	umherziehen
rälle	nagen
rätsche	lästern
Reggolter	Wacholder
reiche	holen
reise	bereitmachen, -legen
ribsche	rasple
ring	bequem
ringkörig	leichthörig
Ruebett	Sofa
Ruesstili	Estrich
rugele	kullern

S

säffere	scharf werfen
Saft	Konfitüre
Schärlech	Bärenklau
Schamauch	Nichtbürger
schier, auch scher	fast
schletze	zuschlagen
schlifere	gleiten
schlüggle	kleine Schlucke nehmen
Schmutz	Fett
schnefle	schneiden
schnerze	anschreien
Schorniggel	unreife Kirschen
Schrage	Operationstisch

Schwächer	Schwiegervater
Schweibe	kurzes Seil
schwiine	abnehmen
Schwire	Holzpflock
Seigel	Leitersprosse
Seupfe	Seife
Sidele	Stuhl mit Lehne
sidert	seither
sperze	entgegenstemmen
Spränzel	schmächtiger Mensch
Stierenauge	Spiegeleier
Stiizli	Ölkännchen
stofere	zappeln
Storze	Strunk
stotzig	steil
strütte	sich beeilen
Stud	Pfosten
stürchle	stolpern
sudle	verschütten
süttig	siedend heiss
suufe	hineinleeren (trinken)

T

Taache	Docht
Tafäre	Schild
tandere	donnern
Täre	Därme
Tatsch	Omelette

Ä chliis Lexiku vum Glarnertüütsch
Glarnertüütsch>Hochdeutsch **S bis U**

tedle	unnötig Geld ausgeben
teere	dörren
Tenggeli	Stiefmütterchen
timmere	dämmern
töggele	klopfen
Trachter	Trichter
Trämi	Balken
triisse	stöhnen
tringge	trinken
troole	umfallen
trüet	an Gewicht zugenommen
trümmlig	schwindlig
tschidere	unrein tönen, scheppern
Tschiele	grosses Stück
Tschüder	Kopf
Tschuupe	kleine Tanne
tüssele	leise gehen

U

überänne	jenseits
überinne	drinnen
überunde	drunten
Ugfell	Pech, Unglück
umäär	riesengross
upässli	krank
Ürti	Wirtshausrechnung
usöödig	ungehobelt, grob
uszänne	auslachen

V

Vehtoggter	Tierarzt
verbrosme	zerkleinern
verchruute	zerknüllen
verdregge	beschmutzen
vergänggele	verschleudern (Geld)
vergaume	Gesellschaft leisten
vergebis	umsonst
Verguuscht	Missgunst
vergütterle	verzweifeln
verhiit	kaputt
verlechne	verpachten
vernause	an einen falschen Ort legen
vernüüte	heruntermachen
verschnäpfe	sich versprechen
voorig	überflüssig, zu viel

W

Wase	Wiese, Rasen
wääch	vornehm
väärd	willkommen
Wäre	Maulwurfsgrille
Wegsami	Strassenzustand
weidli	so schnell wie möglich
weleweg	wahrscheinlich
werche	arbeiten
wifle	stopfen (Garn)
wiilwanggä	unentschlossen sein
wiilwänggisch	unentschlossen

Ä chliis Lexiku vum Glarnertüütsch
Glarnertüütsch>Hochdeutsch **V bis Z**

wiise	lenken
Winggs	Fusstritt
Wittlig	Witwer
Wure	Wurm

Z

zämegschmurelet	zusammengeschmort
zämeramse	zusammenraffen
zänntumme	ringsum, überall
zibig	tropfnass
Zine	Balkon
ziitli	frühzeitig
zöchte	verlocken
Zuengge	Ausguss (Krug)
züsle	mit Feuer spielen
Zwulche	Hautanschwellung

Die Übersetzung ins Schriftdeutsche ist bei einzelnen Ausdrücken – mit einem einzigen Wort – recht schwierig, mit etwas Fantasie aber doch erkennbar! Recht viele dieser Wörter sind verloren gegangen und werden auch von alten Leuten im Hinterland und im Kleintal nicht mehr gebraucht.

Das haimer de Franzose abgloset

s'accroupir	abegruupe	zusammenkauern
une bagatelle	Bagidell	Kleinigkeit
une pièce	Biese Broot	Stück Brot
la bouteille	Butellä	Flasche
le chariot	Galiot	Zweiräderkarren
la canne	Gane	Spazierstock
quelle heure est-il	Geleretli	Uhr
le courage	Guräschi	Mut
former le carré	im Garee	im Laufschritt, schnell
ah, pas (Negation)	jäppä	o nein; fällt mir nicht ein
justement	justemänt	gerade
la comédie	Kamedi (mach kei)	Szene (keine S. machen)
le compte	Küntli	Rechnung
le contraire	Kunträäri	Gegenteil
la lavette	Lavettli	Waschlappen
la monture	Montuur	Ausrüstung
le point d'honneur	Puntenööri	die Ehre betreffend
chaise longue	Scheslong	Liegebett
le tabouret	Taburettli	Stuhl ohne Lehne
se tromper	trumpiere	irren
toujours	tuschur	immer

Wahrscheinlich gibt – gab – es wesentlich mehr Wörter, die während der Besetzung durch französische Soldaten bei uns entstanden sind. Die vorliegenden Beispiele sind mir noch bekannt.

Weitere Beispiele könnten auch zur Zeit entstanden sein, als sich viele Glarner in französischen Kriegsdiensten befanden.

Bruuchsch de Usdrügg nuuch?

(Redewendungen und Sprichwörter)

Schluh gat ringer as hane häbe

Dr Sparer muess e Güüder ha

Dr Gschwinder isch dr Hantlicher

Es git allerhand Lüüt, nu ke rund

Ebe isch nüd büchlet

Gstoles furet selte

Me sött nüd vorem Brot i Ofe schlüüfe

Wäme vum Bläss redt, so billt er

Es gaht zue we im Himel vorusse

Selber esse macht feisst

Grad dur d Sach git zmindischt Müe

Grosshanset isch glii gschmalbartnet

(Hochmut kommt vor dem Fall)

Wos ebe gaht, isch guet Furme si

Dr ei tschöchlet, dr ander zettet

Ring agreiset, isch halbe gwerchet

Wem dz Glügg wott,

dem chalberet dr Sagbogg

Lieber e Luus im Chruut as gar kes Fleisch
Dr Sorgha isch au schu dur d Stege abekiit
Was me märtet, isch zalt
Je verwandter, descht verdannter
Hürat übere Mischt, de weischt wo d bischt
Ds Hämp isch em nächer as dr Rogg
Zwi grob Stei maled nie guet
Wer immer obsi lueget, stürchlet gere
Dr Weg i d Höll het rund Bsetzistei
Wo ke Chleger isch, isch au ke Richter
Wänt höch obe bisch, kiisch au tüüf abe
Wänns nüd am Holz liit, gits ke Pfiiffe
Uffene grobe Totz gkört e grobe Wegge
E Hund wo billt, biist nüd so glii
Der treit meini uf bede Achsle (falsch sein)
Es het ztue wene Muus i dr Chindsbetti
D Liebi muess zangget ha,
und wer Flöh het, muess grangget ha

Mit emene Bild
wird alles tüütlicher

(Bilder und Vergleiche)

Schmögge wene Pumadehafe

Gelt we Heu

Verchert statt letz

Auge mache we Guttereböde

Dahogge wene Ölgötz

E Rugge wenes Gadetor

Es Bett wene Allmei

E Buuch wene Ratsheer

Lüge we truggt

Er macht es Gsicht wene abekiti Ruesstili

Tanze we dr Lump am Stegge

Lose we d Schwii am Füh

Schlafe wene Mungg

Brüele wene Stier

Lüüt we Brääme

Tunggel we inere Chue

Mit emene Bild wird alles tüütlicher

(Bilder und Vergleiche; Fortsetzung)

Hung um ds Muul striche
Mit em Chopf dur d Wand
Ich ha hinde kei Auge
Es Muul, wo haut und sticht
Jetz chusch am läre Taape suuge
Da inne gsiht me ke Stigg
Ich weiss da d Kündi nüd
Er isch gspeuzt dr Vatter
Ich tue dir nüt zleid und nüt zlieb
Wer nüd chu chlepfe, sich ke Furme
Hüttigtags nänd eim d Gofe Ziit nümme ab

Üseri Gmeindsnäme

Gemeinde	1. Beleg	Deutung
Glarus	8. Jahrhundert	Keine klare Herkunft
	1045	clarona (lateinisch/romanisch)
Bilten	1091	Bili und dunum (keltisch)
		Bili = Personenname
		Dunum = umzäunte Siedlung
		Zopfi erklärt:
		Viletta (rom.) = kleines Landgut
Niederurnen	1026	ora = Rand, Ufer (lat./rom.)
		Niederurnen lag am Rande des Tuggensees
Oberurnen	um 1300	siehe Niederurnen
Näfels	1240	novâlis = Neuland (rom.)
		navalia = Schiffswerft ist nicht belegbar
Mollis	1283	apud mollinas = bei den Mühlen (rom.)
Netstal	1289	netz-stal = Netzstelle am Fluss (alem.)
Riedern	1395	riodirun = Rodung (ahd.)
Ennenda	1300	ennot aha = jenseits des Flusses (ahd.)
Mitlödi	1289	ze dero mittilôdî = mitten in unbewohnter Gegend (ahd.), evtl. auch nur mittlere Lage
Schwanden	1240	swanto = Kahlschlag (ahd.)
		Verbindung mit einem Schwan (Wappen) ist abzulehnen
Schwändi	1350	swenten = fällen, schwinden machen

lat. = lateinisch; rom. = romanisch; alem. = alemannisch; ahd. = althochdeutsch; mhd. = mittelhochdeutsch; gal. = gallisch; kelt. = keltisch; idg. = indogermanisch

Gemeinde	1. Beleg	Deutung
Sool	1300	sol = sumpfige Stelle, Suhle (mhd.)
Haslen	1298	hasal = Hasle (ahd.)
Nidfurn	1340	fureh = Furche, dazu gehört auch das Bord (ahd.)
Leuggelbach	1350	loukella = kleine Leuchtende (gall./rom.)
Luchsingen	1289	lux = Gründer der Siedlung (alem.) Personenname vom Luchs abgeleitet!
Hätzingen	1350	bei den Leuten des Hazzo (alem.)
Diesbach	1302	diozàn = brausen, der brausende Bach (ahd.)
Betschwanden	1240	betto = Personenname; Ort, wo Betto gerodet hat (ahd.)
Rüti	1340	riute = Rodung (alem.)
Linthal	1283	lind = Wasser (kelt.)
Braunwald	1421	brunno = Quelle; walt = Wald (mhd.)
Engi	1302	engî = Enge (ahd.)
Matt	1273	matta = Mähwiese, Matte (ahd.)
Elm	1344	elm = Ulme (ahd.)
Filzbach	1394	sekundärer Siedlungsname; früher vilantia = winden «Fluss» (idg.)
Obstalden	1310	stalde = steiler Weg (mhd.)
Mühlehorn	1515	molia = Mühle (rom.); horä = Ausbuchtung (deutsch)

Quellen: G. Walch: Orts- und Flurnamen des Kantons Glarus.
F. Zopfi: Die Namen der glarnerischen Gemeinden.

Allerhand Flurnäme

Rodungsname – Arschwald: Arsus = Brand. Ranggellen: Runcaglia = Rodung. Rüti: Roncare = jäten. Tschogglen: Tschocca = Baumstrunk. Giplen (Mitlödi): Cippus = Pfahl. Rüti, Grüt, Rauti: Bezeichnung für Rodungsfläche. Schwand, Schwändi: schwenden = Rinde schälen, Bäume sterben ab. Brand (diverse Gemeinden): Brandrodung.

Körperteile – Achsel: Achseli bei Sool. Bagge: Horebagge in Linthal ein Beispiel. Bauch: Chuebuchrus in Engi erwähnt. Kamm (Kamm des Hahnes): Chämmli, Chamm. Kopf: Chalberchopf. Fessel: Fesselchöpf bei Betschwanden. Gelenk: Glängg in Schwanden. Grind: Schafgrind bei Elm. Gurgel: Gurgle in Elm. Horn: Zwölfihorä. Nase: Naseri in Matt. Rücken: Chatzerugge in Matt. Scheitel: Scheitelgrat in Elm. Zöpfe: Zopfruus in Matt.

Tiere – Es gibt nahezu 1000 Flurnamen, die auf ein Tier hinweisen. Sehr häufig sind der Bär, das Kalb, die Geiss, das Pferd, das Rind, die Gämse, die Kuh.

Pflanzen – Beeren: Beeriboden bei Mühlehorn. Bulsteren (Blätschgen): Bulsterenboden in Luchsingen. Chriesbaum: Chriesbaumplangge in Matt. Enzianen: Enziunen = Unterstafel am Obersee. Farn: Farlenboden in Näfels, Farnenplangge in Hätzingen. Griggelen: Griggelenwäldli in Schwändi. Grotzen: Grotzenbüel in Braunwald. Häntscheli (Schlüsselblume): Häntsche in Betschwanden. Holder: Holderbergli in Engi. Ijen (Eibengewächs): Ijenloch in Leuggelbach. Müslen (Moos): Müslenrus in Engi. Pantöffler (Hornklee): Pantöffler in Schwanden.

Landmasse

Hube – Hueb: huoba. Ist ein Stück Land, ein Bauernhof. Eine Hueb wird nicht nur bebaut, man wohnt auch darauf. Heute wird meistens ein Gemeindegebiet als Huob bezeichnet (in den Elmer Huoben) d Hueb (Rüti).

Schuppose – Bezeichnet ein kleines bis mittleres Bauerngut von 5 bis 12 Jucharten Tschuepis in Hätzingen und Niederurnen.

Juchart – So viel Land, wie man mit einem Ochsengespann (Joch) in einem Tag pflügen kann (36 Aren = 3600 m^2. Güch in Betschwanden.

Morgen – So viel Land, wie ein Gespann an einem Morgen pflügen kann. Daneben auch Lagebezeichnung (Himmelsrichtung). Im Morge (Hätzingen).

Obrigkeit und Kirche

Fron – Altes Rechtsverhältnis: «Was den (geistlichen oder weltlichen) Herrn betrifft». Fronacher in Ennenda, Fronalp bei Mollis.

Ewiges Licht – Liechtwies in Niederurnen (mit dem Ertrag wurde das ewige Licht bezahlt).

Messe – Sellmess in Mollis (mit Ertrag evtl. Seelmesse bezahlt).

Lehen – Entwickelt mundartlich zu Lii. Lii in Diesbach, Filzbach und Niederurnen.

Bischof – Hinweis auf das geistliche Oberhaupt. Alp Bischof in Elm.

Kanzel – Chanzeli, Chanzel stehen für Fluren, die einer Kanzel in der Kirche gleichen. Chanzeli in Näfels, Chänzeli in Mitlödi, Chanzle im Mühlebachtal.

Kirche – Sehr viele Namen, die an die Kirche als Besitzer erinnern.

Heiden – Im Glarnerland beziehen sich fast alle «Heiden»-Wörter auf Nichtchristen, im Gegensatz zu Heide als weites und bebautes Land. Heidestäfeli in Matt und Engi, Heidenloch in Matt, Heidenhof in Mitlödi, Heidefad in Filzbach.

Quelle: G. Walch: Orts- und Flurnamen des Kantons Glarus.

Weso reded d Underländer nüd gliich we d Hinderländer?

Glarner, die ausserhalb ihres Kantons mit Nichtglarnern ins Gespräch kommen, werden sehr schnell als Glarner erkannt. Auf die Frage nach dem Warum erhält man sehr oft die Antwort: «Das merkt man doch an Ihrem Singen!» Wir Glarner tragen eine eigenartige Sprachmelodie als ungeschriebenen Heimatschein mit uns.

Neben diesem glarnerischen Tonfall gibt es aber auch Einzelheiten, die dem Nichtglarner auffallen. Sei das nun das Byi, der Füü oder der Saft auf der Bruut, oder auch die Briittli.

Auffallend ist, dass auf kleinem Raum zwei Sprachgruppen mit deutlich verschiedenartigen Merkmalen bestehen: Die Nordgruppe (Bilten – Näfels und Glarus) und die Südgruppe (Grosstal, Kleintal und Kerenzen).

Bei einzelnen Wörtern können wir sogar drei Sprachgruppen unterscheiden. So etwa beim Wort «gern», wo sich Elm und der Kerenzerberg mit «gèèrä» vom Grosstal und von Teilen des Kleintals abheben.

Einheitlich sind die beiden Gruppen wieder in der Aussprache von «wollt ihr» und «habt ihr». Der Norden braucht «wänd» und «händ», der Süden «waid» und «haid». Dabei werden in den Übergangsorten Mollis und Schwanden beide Formen gebraucht.

Bei dieser eigenartigen Gliederung der Glarner Mundart stellt sich die Frage:

Wie ist dieses Nebeneinander wohl entstanden?

So könnte man etwa in dem mundartlichen Gegensatz zwischen Näfels und Mollis eine Spiegelung der konfessionellen Verhältnisse sehen: katholisches Näfels, reformiertes Mollis. Diese Erklärung befriedigt aber nicht, denn das katholische Näfels stimmt in seiner Sprache mit den reformierten Nachbarn von Niederurnen und Netstal überein. Ebenso wenig lässt sich die Grenze zwischen Ennenda und Mitlödi begreifen, da beide Gemeinden bis ins 18. Jahrhundert kirchlich zu Glarus gehörten.

So muss wohl eine andere Deutung gesucht werden. So könnte etwa ein Zusammenhang zwischen Sprache und Besiedlung bestehen. Hat doch Zopfi in seinen Untersuchungen über glarnerische Ortsnamen nachgewiesen, dass die Besiedlung des Glarnerlandes nicht einfach von Norden nach Süden, von vorn nach hinten, erfolgte. Die vielen romanischen und vorromanischen Geländebezeichnungen und Ortsnamen beweisen, dass etwa um 500 n. Chr. im Glarnerland eine romanisch sprechende Bevölkerung sass, vor allem im Unterland, wo sich eine Menge vordeutscher Namen bis heute erhalten haben. Deutsch sprechende Alemannen siedelten sich zuerst im Grosstal an, daher die vielen deutschen Ortsnamen.

Jedenfalls gab es eine Zeit, wo im Hinterland hauptsächlich Alemannen sassen, während im Unterland die romanisch sprechende Bevölkerung überwog. Auch Kerenzen wird, wie das Grosstal, früh von einer deutsch sprechenden Bevölkerung besiedelt worden sein. Erst später rückten dann andere Alemannen von der Linthebene herauf und setzten sich vor allem in den Dörfern von Bilten bis Glarus fest. Dass die beiden Bevölkerungsgruppen nicht die genau gleiche Mundart sprachen, ist wahrscheinlich. Im Hinterland und auf Kerenzen entwickelte sich daher ein etwas anderes Deutsch als im Unterland.

Auch die zunächst unerklärliche Grenze zwischen Mitlödi und Ennenda findet so eine Deutung: Die alte Mittel-«Oedi» bildete die Siedlungslücke zwischen Nord und Süd und wurde später wohl von Schwanden her besiedelt, währen Ennenda ein Ableger von Glarus war.

Und die Zukunft?

Sprache ist nicht Zustand, sondern Leben und darum auch Bewegung. Heute im Zeitalter des Verkehrs flachen sich die sprachlichen Gegensätze ab, vermischen sich, verschwinden. Besonders schlimm steht es in dieser Beziehung mit dem Wortschatz, wo einzelne Wörter ganz verschwinden. Etwa das Wort «raichä» (holen), das mein Vater noch gebraucht hat, ist praktisch ganz verschwunden und wird auch im Kleintal nur noch von ganz alten Leuten gebraucht. Und so wird es wohl weitergehen. Man wird nicht mehr Anggä und Saft auf die Brüütli streichen, sondern Butter und Komfi auf das Butterbrot. Und so wird uns schliesslich nur noch das Singen bleiben!

Haid Sorg drzue

Zusammengestellt aus «Beiträge zur Sprachgeographie und Sprachgeschichte» von Rudolf Trüb im 55. Jahrbuch des Historischen Vereins des Kantons Glarus.

Unser Ländchen ist zwar klein, und doch gib es verschiedenerlei Glarnerdeutsch. Die Kerenzer haben ihre eigene Sprache, im Grosstal spricht man anders als im Mittelland, und die Kleintaler haben ihre eigenen Ausdrücke. «Häider oder wäider oder häider schu gchää», fragt man im Hinterland, nicht aber in Glarus, und wenn die Stadtglarner einen Schwänder ärgern wollen, dann nennen sie ihn nicht Schwänder, sondern Schwäider. Und wenn einer etwa fragt: «Het etten etter ettis gsäit?», dann verrät er seine Herkunft aus dem Hinterland, wie etwa der Zürcher den Glarner am «moorä» oder «schnyä» erkennt.

Und sagt einer: «Räich mer ds Vesper!», dann ist es wohl ein Kleintaler, denn der Stadtglarner müsste wünschen: «Bring mer ds Zabed!»

Im Gegensatz zu den Zürchern bringen bei uns die Byi den Hung, und wenn der Füü geht, ist es schüü und nicht schöön beim Föön. Und dann scheint bei uns auch noch der Muu und wir schliessen die Brittli, wenn es draussen stürmt, und streichen Saft auf das Brot.

Aber diese Vielfalt geht allmählich verloren. Die Laute und Formen der Nordgruppe dringen immer weiter nach Norden und erklettern den Kerenzerberg. Erhalten hat sich wohl am längsten die lautliche Uneinheitlichkeit bei den e-Lauten. Da gibt es zwei, zum Teil drei Gruppen.

Einheitlich sind die Mundarten der Nordgruppe, des Unterlandes mit Glarus und Ennenda, aber ohne Mollis, dann das Gross- und das Kleintal, wobei Elm in einigen Fällen noch abweicht (e-Laut, Endungs-i).

Kannst du das? Chuusch(t) du das, sagt man im Hinterland, im Kleintal, in Mollis und dem Kerenzerberg. Die übrigen Landesteile verwenden: chaasch(t) du das.

Knecht – Mehl; Weg – Steg; recht; sechs. Hier finden wir die gleiche Verteilung: Chnècht und Meel steht neben Chnächt und Määl. Ebenso verhalten sich die anderen Beispiele.

Halten. Auch hier zeigt sich die Zweiteilung, aber eigenartigerweise mit Vertauschung der e-Werte. Von Bilten bis Glarus heisst es hebä, im übrigen Glarnerland häbä.

Ähnlich verhält sich die Mehrzahlform von Nagel/Nägel. Da heisst es im Nordteil Negel, im Südteil Nägel.

Du hast – er hat. Da unterscheiden sich die beiden Gruppen mit du häsch, er hät und du hesch(t), er het.

Aber auch im Wortschatz kann die Zweiteilung nachgewiesen werden. So heisst das Gänseblümchen im Hinterland Gaissblüemli, im Kleintal Gaissmäijäli, im Unterland ist es das Steinächerli.

Wenn wir nun eine Erklärung für diese Zweiteilung suchen, so ist sie wohl am ehesten in der Besiedlungsgeschichte des Glarnerlandes zu finden. So zeigen Untersuchungen von Zopfi, dass etwa ums Jahr 500 nach Christus im Glarnerland eine romanische Bevölkerung sass. Deutsch sprechende Alemannen siedelten sich zuerst im Grosstal an. Später folgten dann andere Alemannen, die

Haid Sorg drzue

sich vor allem im Unterland niederliessen. Und so zeigt sich auch in den Ortsnamen eine Zweiteilung, die mit der Zweiteilung der Mundart weitgehend übereinstimmt.

Noch weitgehend erhaltene Unterschiede

Ausdruck	Nordgruppe: Bilten, Näfels, Glarus	Südgruppe: Hinterland, Engi, Matt	Kerenzen, Elm
kannst du das?	chaasch(t)	chuusch(t)	chuusch(t)
Knecht, Mehl	Chnächt, Määl	Chnècht, Meel	Chnècht, Meel
halten	hebä	häbä	häbä
Leder	Läder	Leder	Leder
gern	gäärä	gèèrä	geerä
wollt ihr?	wänder	waider	waider
wir haben	händ	haid**	haid
holen	holä	holä, raichä	raichä
jemand	öpper	etter	ätter (Kerenzerberg)
gehabt	gchaa	gchää**	ghaa, ghää
donnern	tunderä	tanderä	tanderä
Darm	i de Tärm	i de Tärä	i de Tärm

Kleinere Abweichungen bestehen schon jetzt: So schliessen sich die Schwander häufig der Nordgruppe an (**), und auch am Kerenzerberg gehen die alten Formen zum Teil verloren.

Ettedie haid d Näme gwechslet

Im Verlauf der Geschichte sind zum Teil mehrere Namen für die gleiche Örtlichkeit verwendet worden.

Chlöntelersee – Seerütisee – Chlöntelersee

1538 heisst der See im Clöntal «Clöntalersee». 1635 ist er auf den Karten als «Seerütisee» eingezeichnet. Diesen Namen hat er erhalten, weil auf der Liegenschaft «Seerüti» im 16. Jahrhundert Eisenerz abgebaut wurde. Ein Jahrhundert nach der Einstellung des Eisenerzabbaues hiess er wieder «Chlöntelersee». Der Name «Seerütisee» hat sich aber bis zu Beginn des 19. Jahrhunderts erhalten.

Wepchen – Panixer

Im Habsburger Urbar wird der Panixerpass als Wepch bezeichnet. Wepchen könnte aus dem Spätkeltischen «wesa» Alpweide, Futter entstanden sein. Der Name wurde unverständlich, und so gab man dem Pass, der ins bündnerische Dorf Panix führte, den Namen Panixerpass.

März – Klausen

Bis ca. 1700 hiess der Klausenpass noch März. Die Herleitung vom März ist noch umstritten. Es könnte vom Keltischen «Fels-

absturz» oder von «marca» (Grenze) abstammen. Der Name «Klausen» könnte von einer Klause oder einer kleinen Kapelle in Linthal stammen.

Ars – Arschwald – Harstwald

Der Name Arschwald kommt vom Lateinischen ardere = brennen und weist auf eine Rodung hin. Man verstand dann die alte Bedeutung nicht mehr und sah auch keinen Zusammenhang mit «abbrennen». Da in der Mundart das -s oft als -sch gesprochen wird (Ast, Bast), kam es zum Arschwald. Dieser Name wurde als anstössig empfunden, und man verschönerte ihn zu «Harstwald».

Bunten – Pantenbrugg

Aus dem Pons, -tis entstand ursprünglich Bunten. Da man dieses Wort aber nicht mehr verstand, ergänzte man es mit «Brugg» zu Pantenbrugg.

Brunnbach – Brummbach

Das Doppel -n ging verloren, und da brachte man den Namen mit dem Geräusch des Baches (brummen) zusammen.

D Römer und d Alemanne lebed fridli mitenand und nebedenand

Die Sprachgeschichte in unserem Tal ist durch einen zweimaligen Sprachwechsel gekennzeichnet. Zwar gibt es keine schriftlichen Zeugnisse darüber, und auch die Bodenfunde sind sehr spärlich. Trotzdem besitzen wir in den Orts- und Flurnamen und in vorgermanischen Reliktwörtern, die sich in der Umgangssprache bis heute erhalten haben, untrügliche Zeugnisse dafür.

So lassen sich drei sprachliche Epochen klar unterscheiden, die sich im glarnerischen Kleinraum, wie in andern Gebieten der heutigen Schweiz, abgelöst haben müssen.

Eine vorrömische Epoche, die vor allem durch gallische Relikte in den Fluss- und Bachnamen, aber auch in einigen Geländebezeichnungen gesichert wird.

So kann man etwa davon ausgehen, dass die Bezeichnung «Abläsch» in Glarus, Ennenda, Schwanden, Schwändi und Hätzingen ligurischen Ursprung hat und identisch mit dem tessinischen Biasca ist. Auch die Räter besassen wahrscheinlich Wohnsitze im Glarnerland. So ist das Wort Lobä (Kuh) wahrscheinlich ein illyrisches Wort. An rätischen Ursprung erinnert der Flurname «Blais» – «im plaeüs» nennt man die obersten Weiden auf Empächli, und darüber erheben sich die «Plisstöck». Den beiden Namen liegt wahrscheinlich das vorrömische blese = steile Grashalde zugrunde. Etwas sicheren Boden betritt man mit keltischen Reliktnamen. Es sind vor allem Flüsse und Bäche, die Namen tragen, die weder romanischen noch deutschen Ursprungs sind. So etwa die Namen Linth, Sernf, Löntsch. Aber auch teilweise untergegangene Namen von Pässen beweisen, dass das Glarnerland im vorrömischen Altertum keineswegs eine menschenleere Einöde war. So ist etwa «März», der alte Name für den Klausen, sehr wahrscheinlich gallischen Ursprungs. Auch die alte Bezeichnung des Panixerpasses «Wepchen» könnte gallischen Ursprungs sein.

Das in Bach- und Passnamen vorherrschende keltische Sprachgut legt daher den Schluss nahe, Kelten als Bewohner des Linthtales zu Beginn der Zeitrechnung anzunehmen.

Dann eine romanische Epoche, die etwa 15 n. Chr. einsetzte, zwar langsam und nur schrittweise Boden gewinnend. Sie mag etwa ein Jahrtausend gedauert haben. Das letzte halbe Jahrtausend dieser Periode darf als romanisch-deutsche Zweisprachigkeit gelten.

Das mehrere Jahrhunderte bestehende Nebeneinander romanischer und alemannischer Siedlungen im frühmittelalterlichen Glarnerland musste zu mannigfachen Beziehungen und Beeinflussungen der beiden Sprachen geführt haben. Orts- und Sachbezeichnungen wanderten hinüber und herüber. Die zugewanderten Alemannen übernahmen mit der Alpwirtschaft auch einen Teil der dazugehörigen Terminologie, die Romanen eher Ausdrücke aus dem Gebiet der «Rodung» und der «Grenze».

Vereinzelt gibt es eine romanische und eine deutsche Version dicht nebeneinander: So wird etwa der grosse Trichter zwischen Vrenelisgärtli und Vorderglärnisch mit einem Becher verglichen, d.h. «Guppen» (rätoromanisch Coppa, cupp), daneben der steinigere Teil, «Siäne», d.h. ein eindeutig deutsches Wort. Eine alemannische Übersetzung des romanischen «bunniculo» (kleiner Boden) finden wir in der Bezeichnung «i de Bömmere» für Wildheuplätze. Auf das Nebeneinander zweier Sprachen weist auch die Tatsache, dass eine Reihe von vorgermanischen Flurnamen die p-t-k-Lautverschiebung nicht mitgemacht haben, also von alemannisch Sprechenden direkt übernommen wurden. So etwa Gumen (g nicht zu ch verschoben), Grappli (neben Chärpf), Turnagel (t nicht verschoben).

Wir dürfen annehmen, dass der Germanisierungsprozess vom 6. bis ins 11. Jahrhundert dauerte. Dabei bewahrte sich das Romanentum eher im Unterland, Mittelpunkt des Alemannentums wurde das Hinterland.

Diese Periode wurde dann endgültig durch eine dritte Epoche, die alemannisch-deutsche, abgelöst.

Auf diese Zeit weisen die vielen «-ingen» in Namen hin. Eigentlich werden mit den so gebildeten Namen nicht die jeweiligen Orte, sondern die dort wohnenden Siedler bezeichnet. Die meisten sind von altgermanischen Männernamen abgeleitet, einige von Appellativen, wie etwa «Steinigen», die Leute beim Stein. Es handelt sich dabei durchwegs um Weiler und Einzelhöfe.

Quelle: F. Zopfi: Zeugnisse alter Zweisprachigkeit im Glarnerland.

We verschide as me redt

E so verzellt der Chaschper Streiff i de Gschichte vum Heiri Jenni im Sunnäbärg

... I der Wirtschaft «zum Sunnäbärg» uf Frutt simmer natürli e chlei iig'chert, will üsers Heimed au eso heisst, und drnaa simmer gleitig gu Linthel abe und mit dr Bahn gu Glaris use g'fahre.

Da han ich mit dr Vrine nuch müese i Soolerboge, won es nuch allerlei bruuchbari Waare für üsere Hans iig'chramet hät; ich han es Päggli Pfifetubaagg g'chauft, und dr lantli Heer im Lade hät mer nuch e paar Stümpe derüber ine g'gii.

Uf em Heiwäg simmer nuch i d's Dorfvogten aag'chert, und da heisst's der Hans sig bi ine e flissige Gast gsi; d's Anneli isch füürrot worde und ist i d'Chuchi use; d'Vrine und ich händ denand nu eso ag'lueget und üseri Sach derbii tänggt.

Und eso tünts bim Emil Zwicky i Elmer Mundart (Im Blatteberg)

Won ich e vierzechejährige Chnab gsi bi, han ich müese all Tag det ufi a d'Arbet, mis Lühndli gu verdiene. Ich bi nie geere gange. Dr ganz läng Tag han ich wiit im Stolle hinde müese mitere Laterne werche. Nu zum z'Abed ischt me i d'Hütten usi, wo si dr Schifer gspalte, grisse und gschäret heid. Vil lieber wär ich im Summer z'Alp gu jungne oder zuesänne.

Und so verzellt der Peter Winteler vum Chirezerberg (Chriegsnot)

Duezmals heid d'Franzose, d'Öschtriicher und d'Russe abwechsligswiis z'Obstalde und z'Filzbach Quartier gnuh und alles zämme gramset, was umm und a ischt ufztriibe gsi. D'Franzose heid apart guet welle gchöchlet hä. D'Russe sind z'fride gsi, wemene nu wagger Tschöche ufgstellt het. D'Öschtriicher aber, heiged en uflätigen Appetit ghä und siged erscht nuch e chlei gschmeuzlet gsi.

Au uff dr Alp obe heid d'Öschtriicher alls Veh abgschlachtet und nüt mih zrugg gluh as e paar läri Tierhüüt und abgnaget Chnoche. Do sind si mitenand abe i ds Dorf und heid müese schmalparte, bis wider besser Ziite sind chu.

Und e so redt me z'Glaris vorne (Kaspar Freuler)

Er isch deheimed i ds Schöpfli hindere, hät dr Spaate gholt und isch i aller Tünggli dur das ganz Dorf dure bis i ds Buechholz hindere, und det hät er i eim Hau innere gällege Wuet de ganz Rüüti umggrabe, bis er vor luuter Schwitze flötschige gsi isch und hei hät müese. D'Babette, das wär ietz mi Grossmueter hät ne kört inetüüssele und hät gflamänderet, was das wider für nes fuulmäjörisches Heichu sig, es tägeli ja schu, und er sött si schäme und das sött er si und wo er wider ummeghogget sig?

Und z Netstel redt me scher gliich (Hans Thürer)

Drum hät mi d'Mueter mit uff d'Ruesstili gnuh, wänn si dobe Wäsch ufghänggt hät. Emale simmer au beedi det obe gsi. Si hät gwärchet und ich ha mit de Chlöbli gvätterlet. Es isch gäged de Mittag gange, und d'Mueter häts tunggt, es wär rati Ziit zum Choche. «Bueb», rüeft si hinder de Hämper und Fazäneetli vüre, «gang me au gu luege, wie spät as es isch.» Ich ha gseit, ich känni ja ds Ziit nuch nüd, und das isch au wahr gsi. «Du muesch mer nu säge, we wiit obe as dr chlii Zeiger isch, dä chumi dä schu druus!» häts vu dr Zeine her tünt.

Aber d'Mulliser redet fascht we d'Hinderländer (Hans Thürer)

Es sind hüür gad hundert Jahr, as dr Pfaarer Chaschper Lebrecht Zwiggi vu Mullis het müese gu Bade abe ine Kur. Er heigs mit de Gsüchtere, hets gheisse. Chum isch er im Hotel achuh, so merggt er, as er sine Huusschlüssel deheimed vergesse het. Bruucht hätt er ne zwar nüd, aber will er gere sis Wärli binenand kä het, so schriibt er nuch spät am Abed e Brief hei, si söled ä so guet si und em dr Huusschlüssel schigge, er mangli em gruusam.

Dr Brief leit er uff ds Nachttischli bis am Morged. I dr Nacht chunnts em zeimal z'Sinn, er chännt nuch emal d'Goffere durneusle. Er staht uuf und überchert alls. Und lueged dahane: dr Schlüssel troolet a Bode. Was tuet dr Herr Pfaarer? I einer Freud ninnt er dr Brief und schriibt under die letscht Linge, dr Schlüssel sig fürecho, si müsed ne nüd suche.

Quelle: Heinrich Bäbler: Glarner Sprachschuel

Ds Glarnerland vu A bis Z

Diese Zusammenstellung wurde gemacht, um Nichtglarnern einen kurzen Überblick über unsern Kanton zu geben. Selbstverständlich können die «Erklärungen» noch etwas erweitert werden!

Arbeiterschutz – 1864 erhält Glarus das erste Fabrikgesetz, in dem die Arbeit für schulpflichtige Kinder verboten und die max. Arbeitszeit auf 12 Stunden angesetzt wird. Nachtarbeit wird verboten, Frauen dürfen 6 Wochen vor und nach der Niederkunft nicht arbeiten.

Böser Bund – 1352 wird Glarus kein vollberechtigter Teil der Eidgenossen. (Einseitiges Hilfsversprechen, aussenpolitisch kein Mitspracherecht. Gleichberechtigung erst 1473).

Camperdun – Römer und Alemannen lebten friedlich nebeneinander. Sprachgeschichtlich 3 Perioden:
- Vorrömische: gallische Reliktwörter (Linth, Sernf, Abläsch)
- Romanisch-deutsche Periode: (Grappli, Gamperdun; keine Lautverschiebung)
- Alemannisch-deutsche Periode: (-ingen-Dörfer)

Decke, Glarner – In der Lochsiite gut sichtbar: Altes Gestein liegt über jungem!

- Verucano: Perm – 250 Mio. Jahre
- Lochsitenkalk: Jura – 120 Mio. Jahre
- Flysch – Tertiär – 60 Mio. Jahre

Elmer Citro – Neben dem Ziger wohl das bekannteste Glarner Produkt.

Fridolin – Glarus ist der einzige Kanton mit einem Menschen im Wappen; dazu ist es noch ein Heiliger. Ob Fridolin tatsächlich bei uns gelebt hat, ist nicht sicher. Sicher ist nur, dass ein Teil des Landes dem Kloster Säckingen gehörte (Schiedsgerichtsurkunde von 1240, «Säckinger Urbar» von 1350). Etwa 25% des nutzbaren Bodens gehörte Säckingen.

Galiot – Das Wort kommt vom französischen «chariot». So haben wir noch eine Menge Lehnwörter aus der Zeit der französischen Besetzung: abägruupe = s'accroupir; dr Ganä = la canne; ds Guraschi = le courage; ds Puntänöri = le point d'honneur; i ds Guuschi gu = se coucher; ds Geleretli (Uhr) = quelle heure est-il?

Hänggiturä – Erinnert an die guten Zeiten der Glarner Textildruckerei. Sie entwickelt sich aus der Handspinnerei, die gegen Ende des 18. Jahrhunderts in Fabrikbetriebe übergeht. Wichtiger wird die Zeugdruckerei. 1870

Ds Glarnerland vu A bis Z

beschäftigen 22 Druckfabriken fast 5500 Personen. Dazu kommen noch 3200 Personen in 18 Spinnereien und 17 Webereien. Das bei etwa 32 000 Einwohnern!

I – In Elm und auf dem Kerenzerberg gehts ufi und abi. Wir können sprachgeschichtlich unterscheiden:
- Nordgruppe: Chnäächt, gäärä, öpper, uufä
- Südgruppe: Chnècht, gèèrä, etter, uufä
- Kleintal: Chnècht, geerä, uufi

Konfessionelle Landesteilung: 1623 macht auch unser Kanton die konfessionelle Landesteilung mit: Im Gegensatz zu Appenzell trennen sich aber die beiden Teile nicht.

Landsgemeinde: Seit über 600 Jahren bestimmt sie die Geschicke unseres Kantons. Von 1623 bis 1836 haben wir drei Landsgemeinden: eine in Schwanden mit etwa 2000 stimmfähigen Bürgern für den reformierten Landesteil, eine katholische mit 300 Stimmenden in Näfels und die gemeinsame in Glarus für Angelegenheiten, die den ganzen Kanton betreffen. Als Sonderheit sei noch erwähnt, dass der reformierte Landesteil von 1700 bis 1798 den alten julianischen Kalender beibehielt, währenddessen die Katholiken den gregorianischen übernahmen. Das führte während fast 100 Jahren zu einem Zeitunterschied von 11 Tagen.

Martinsloch – Touristische Attraktion in Elm; zweimal im Jahr scheint die Sonne durch das Martinsloch auf den Kirchturm von Elm. Und das eine Woche vor Sonnenwende (13. März und 15. Sept.).

Näfelserfahrt – Ein geschichtsträchtiger Spaziergang Anfang April; erinnert noch immer an die Schlacht bei Näfels!

Öpfelbeggeli – Hat nichts mit Äpfeln zu tun. Es sind kleine Glarnerpastetli, die man «süss» oder «sauer» haben kann.

Polendenkmal – Neben Franzosen und Russen beschäftigte der Kanton auch polnische Internierte des 2. Weltkrieges. Als Erinnerung an den Einsatz der Polen wurde östlich von Oberurnen ein Denkmal aufgestellt.

Quo vadis? – Wohin soll ich? Am Beginn des 18. Jahrhunderts kam es zu Auswanderungen nach Berlin, Norwegen und Russland. Entscheidender war aber die Auswanderung nach Übersee. Ursache war hauptsächlich eine stets wachsende Armut. Diesbach verlor etwa 25% seiner Einwohner (199 Personen), aus Glarus zogen 345 Personen weg. Sehr viele fanden sich in New Glarus wieder.

Römerturä – Schon die Römer zogen am Glarnerland vorbei.

Suworowhuus – Elmer-Erinnerung an General Suworow. Auf seinem Zug durchs Glarnerland hat Suworow auch in Riedern und Glarus übernachtet.

Tödi – Zwischen ihm und Bilten beträgt der Höhenunterschied 3200 Meter.

Urnerbodä – Gehört wegen eines faulen Güggels zu Uri. Auch die Schwyzer kamen über den Pragel in glarnerisches Gebiet. (Darum zählen wir uns nicht zur Innerschweiz!)

Viel Steine – Von unserem Boden liegen 71% über 1200 Meter, das heisst für Ackerbau ungeeignet. Vom Rest sind 11% Wiesen und 40% Alpen.

Was mir essed – Anggäzeltä: Die Netstaler meinen, sie machten die besten. Birebrot: nicht mit Bireweggä zu verwechseln. Glarnerpasteten: halb Zwetschgen-, halb Mandelfüllung. Und an der Landsgemeinde gibt es Kalberwürste, gedörrte Zwetschgen und Kartoffelstock.

Zigerbrüüt – Müends halt prabiere.